MATÉRIAUX

OUR SERVIR A LA VIE PUBLIQUE ET PRIVÉE

DE JOSEPH FOUCHÉ,

DIT

LE DUC D'OTRANTE,

RECUEILLIS

PAR M. N****.

PRIX : 75 CENTIMES.

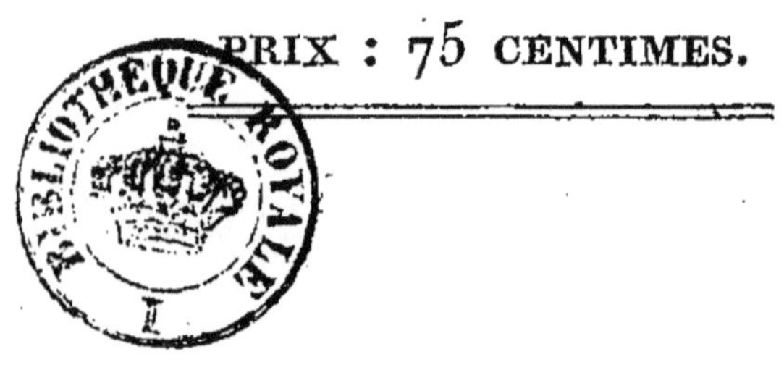

IMPRIMERIE DE COSSON, RUE GARENCIÈRE, N° 5.

PARIS,

A LA LIBRAIRIE GRECQUE, LATINE ET FRANÇAISE,

RUE DE SEINE, N° 12,

ET CHEZ TOUS LES MARCHANDS DE NOUVEAUTÉS.

Octobre 1821.

MATERIAUX

POUR SERVIR A LA VIE PUBLIQUE ET PRIVÉE

DE JOSEPH FOUCHE,

DIT

LE DUC D'OTRANTE.

———

Un des plus beaux priviléges de la vertu, c'est de resplendir de son propre éclat. L'homme *vertueux* peut n'être pas savant ; mais il n'y a point d'homme réellement habile *sans vertu*. Cet axiome est trop noble, trop consolant, trop vrai, pour que la philosophie moderne s'humanise à le reconnoître : les *intéréts matériels* s'y opposent. Laissons donc les *hommes forts* nier un principe qui les tue ; laissons-les *distinguer* à leur aise et dire d'un ton stupidement doctoral : Il y avoit *deux hommes* dans Fouché. Fouché avoit du *talent*; bien qu'il ait servi, vendu, rétabli successivement les diverses factions révolutionnaires pour leur survivre à toutes, depuis l'*incorruptible* Robespierre jusqu'aux *mannequins* du Luxembourg, sans oublier Bonaparte et le gouvernement *dit* provisoire.

Mais que parlons-nous de révolutionnaires ? n'avons-nous pas entendu de fort honnêtes gens faire chorus avec eux ? donner des louanges à Fouché, *croire en lui*, et prétendre qu'il nous avoit *sauvés* durant les cent jours ? triste et funeste engouement ! Tallien aussi nous *sauva...* on nous *sauve* encore !

Un grand personnage, interrogé sur les moyens de parvenir en révolution, répondoit : *Vendez ceux qui vous achètent* : tel fut le suprême talent du *père Fouché*, dit le duc d'Otrante.

Il s'introduisit d'abord sur la scène politique à la faveur d'une modération feinte. Bientôt le *doux*, l'insinuant Fouché, *hâtant le progrès des lumières*, se montra le plus complaisant et le plus *expéditif* des bourreaux. Enhardi par le meurtre de son roi, étoit-il rien qui pût coûter à son *patriotisme*? il ne lui restoit pour couronner toutes ses atrocités que de livrer ses complices : c'est ce qu'il fit.

Cependant chacun désignoit Fouché; sa condamnation paroissoit imminente. Il s'empressa de rejouer son premier rôle avec certaines modifications nécessitées par les circonstances. Redoutant de fâcheux souvenirs, ce n'étoit plus cet homme froidement disert, ou clairement *acerbe*. Toujours ambitieux et fourbe, *l'ex-représentant* sentit la nécessité de se faire un langage qui, sans *décourager* les patriotes, n'effraya point les gens superficiels : il combina des mots sonores pour traduire des *ombres* de pensées : il prit, ou créa, peut-être, la doctrine des *doctrinaires*.

Cette opinion n'est point partagée par M. N***, compilateur de ces matériaux, où le bon se trouve noyé dans un fatras de pièces trop connues; selon M. N***, Fouché ne fut qu'un homme *adroit*. Remarquons-le en passant : l'ordinaire tactique des régénérateurs sera toujours d'adoucir les expressions *trop dures.* C'est ainsi qu'ils changèrent le crime en *adresse*, le remords en *regrets* !

Aussi M. N*** tombe-t-il en pamoison au souvenir de *Condorcet*. «J'ai vu, dit-il, à ce nom les mêmes » figures *rougir de fureur et pâlir de vengeance;*

» j'ai vu ces deux nuances se succéder dix fois en
» dix secondes sous l'épiderme *aristocratique*,
» qu'électrisoit, plus que la pile voltaïque, le con-
» tact imprévu du livre intitulé : *Esquisse des pro-*
» *grès de l'esprit humain;* j'ai vu enfin le doux
» sourire de la béatitude épanouir des *fronts étroits*
» de Saint-Sulpice, ou ranimer *des lèvres fanées*
» du faubourg Saint-Germain, à cette consolante
» idée que le *premier philosophe* de l'Europe, le
» secrétaire de l'Académie des sciences, le corres-
» pondant d'Euler et le continuateur de Fontenelle,
» étoit mort de faim ou empoisonné dans un ca-
» chot du Bourg-la-Reine, *où l'avoit justement at-*
» *teint la proscription dirigée par la Providence.* »

M. N*** a sûrement des *lèvres vermeilles* et le
front bien *large*; mais à l'exception des grossières
injures dont il honore en masse tout un quartier de
la capitale (injures gratuites et qui sont bien à
lui), rien n'est plus conforme aux sentimens des
royalistes que ce terrible arrêt de la *Providence.*
De quoi se plaint M. N*** ? dans le procès du Roi
martyr, le *premier philosophe* de l'Europe n'eut-il
pas l'infamie de voter *pour la peine la plus grave
qui ne soit pas celle de la mort ?* et la Providence...
mais écartons cette influence adorable. M. N*** ne
nous comprendroit pas. Disons mieux : Condorcet
manqua *d'adresse.*

Cet échantillon du style et des *principes* de
M. N*** nous dispensera de le combattre chemin
faisant. Fouché, d'ailleurs, va s'emparer de notre
attention particulière sous ces trois points du vue :
modération, patriotisme et *doctrine.*

Les assemblées primaires étoient rassemblées à
Nantes pour élire des *représentans;* nul ne songeoit
à Fouché; lui seul rêvoit au bonheur de la *nation*
et composoit une notice apologétique de sa personne

et de ses *talens*. On y lit ce passage assez remarquable :

« M. Fouché, enfant d'un homme de mer, le fût
» devenu lui-même, sans une *délicatesse de com-*
» *plexion* qui le condamna au travail du cabinet.
» *Méditatif* par inclination, il entra, *dès l'âge où*
» *la raison le permet*, dans cette institution de l'O-
» ratoire, qui, sans aucun des inconvéniens et des
» abus du cloître, en offre *tous les avantages*, et
» permet de concilier avec les intérêts du monde
» et les affections de famille, ces sentimens reli-
» gieux si *nécessaires et si louables* lorsqu'ils sont
» *épurés* par la *philosophie.* »

Tout le monde fut satisfait de la *modération* de
Fouché. Les hommes religieux lui savoient gré
d'oser dire que les couvens offroient *des avantages*
et que la religion étoit *nécessaire*; les *patriotes* ne
voyoient que l'*épuration philosophique*, et, pleins
de confiance dans leurs menées, ils ne redoutoient
rien d'un homme *méditatif*, dont la santé menaçoit
ruine. Fouché fut élu et vint à Paris. Là, sous pré-
texte que la tribune étoit la saillie de la roche *tar-*
péienne (expression toute neuve alors), et qu'il
avoit l'organe trop foible pour parler au grand air,
Fouché se contenta de *manœuvrer* dans les comités,
dit M. N***; il s'étoit fait député consultant. Enfin
il biaisoit avec le caractère, ce qui est toujours
prudent, et surtout transigeoit avec les *préjugés*,
ce qui est parfois *indispensable*. Le dialogue suivant, recueilli par M. N***, développera parfaite-
ment, selon nous, l'*adresse* et la *prudence* de Fouché.

LE DINER CONVENTIONNEL.

FOUCHÉ.

Messieurs, si nous continuons à parler tous à la fois, nous ne pourrons nous comprendre ni même nous entendre.

ROBESPIERRE.

Nous entendre ! avec des opinions si contraires, c'est impossible.

SAINT-JUST.

Le miel de leur éloquence empoisonne le Marais; mais c'est un somnifère qui engourdit la France.

GUADET (*vivement*).

Vous ne l'engourdissez pas, vous qui la rendez furieuse en l'enivrant du sang de ses meilleurs citoyens !

BARRÈRE, *avec douceur, élégance et sang-froid.*

L'arbre démocratique ne peut croître qu'arrosé du sang des aristocrates.

VERGNIAUD.

Robespierre est fougueux, Saint-Just fanatique, c'est ce qui les explique et *peut-être les excuse* ; mais vous, Barrère, qui pensez sans ardeur et parlez sans conviction, qui vous justifiera ?

BARRÈRE, *souriant à part* à Vergniaud.

Le succès.

FOUCHÉ.

Ainsi, *les principes...*

BARRÈRE.

En révolution il n'y a point de principes , il n'y a que des *circonstances* et des à-propos.

ROBESPIERRE.

Il n'y a point de principes en révolution ! *Pitt* et *Cobourg* parleroïent-ils autrement ?... Ce Barrère, avec son éloquence *peignée* et ses phrases de sophiste, flétrit tout ce qu'il touche.

SAINT-JUST.

Il veut introduire dans les *vigoureuses pépinières de la liberté* la températrue parfumée des boudoirs.

FOUCHÉ.

M. Barrère sait parler : il exploite la révolution en rhétoricien , et n'y voit que des sujets d'amplification.

ROBESPIERRE, *déclamant.*

Il n'y a point de principes en révolution !... *cela même est un principe ;* et c'est avec lui comme avec une sape, qu'on tranche, qu'on abat tous les principes. Il n'y a point de principes en révolution !... ainsi elle est livrée, comme l'univers des Persans , aux bons et mauvais génies qui se la disputent, se l'arrachent, s'en emparent et se l'approprient !. ainsi, ballottée entre les amis et les adversaires, elle est prête à tomber dans les vagues *abîmes du hasard* !.. Le hasard ! *cinquante ans de travaux préparatoires seroient donc vains* ! Voltaire, Helvétius, Diderot, que ne brisiez-vous vos plumes , ou plutôt que ne les trempiez-vous dans les parfums des courtisanes pour en tracer de lâches madrigaux !... Celui qui, par des madrigaux , effémine la tribune de la liberté , applaudiroit aux vôtres.

(9)

BARRÈRE.

Je n'applaudis nullement à l'absence des principes ; en rappelant la force des *circonstances* et la
puissance de l'à-propos, je constate cette absence et
je la déplore; elle existe indépendamment de ma
volonté et contre mon intention, mais enfin elle
existe. Les plus éloquentes invectives n'effacent
point un fait buriné par l'histoire.

FOUCHÉ.

N'y auroit-il aucun moyen de donner un démenti
à celui-ci ?

CONDORCET.

Une vérité, disoit Fontenelle, n'appartient pas
à celui qui la trouve, mais à celui qui la nomme.
L'absence des principes est constatée, et les *écarts
des conséquences* deviennent chaque jour plus dan-
gereux. Pour refréner leur fougue, il faut rétablir
l'autorité des principes, et pour la rétablir il faut
convenir de ceux-ci ; ils sont en petit nombre, mais
féconds : nous pouvons les reconnoître par une ana-
lyse courte quoique exacte.

GUADET.

Démontrez, M. de Condorcet, vous avez le com-
pas à la main.

CONDORCET.

L'*objet* de la révolution est connu ; c'est l'égalité proportionelle des bénéfices, puisqu'il y a
égalité proportionelle de *mises* à l'association. Le
moyen *continu* est le *vote* de la contribution, la *sur-
veillance* de la *levée* de la contribution, le *contrôle* de
la dépense de la contribution. Les voies *prochaines*
qui conduisent à ce moyen sont de deux sortes :
législation régulière ou constitutionnelle, coups

d'état politiques, ou violences révolutionnaires. Voilà la théorie de notre révolution ; c'est le résumé des trois années qui viennent de s'écouler

FOUCHÉ.

La première question est de savoir si l'on regarde la révolution comme finie, et si elle l'est, quelles institutions il faut substituer à celles qu'elle a détruites ; ou si elle ne l'est pas.....

ROBESPIERRE.

Elle ne l'est pas.

BARRÈRE.

Elle ne l'est pas, et la question que nous en faisons en est la preuve.

VERGNIAUD.

Elle ne l'est pas, mais puisque nous en doutons elle peut l'être.

Presque tous.

Sans doute, sans doute, il ne s'agit que d'adopter les moyens.

FOUCHÉ.

Que l'assemblée se les réserve, ou qu'elle les confie au peuple, *voilà le défilé où nous sommes serrés.*

ROBESPIERRE.

Je change un seul mot à ce précepte : que l'assemblée indique les moyens, qu'elle les dirige même, mais qu'elle en confie l'application au *peuple.*

GUADET.

Vous voulez donc *un 2 septembre général ?.....*

Saint-Just, *froidement.*

Pourquoi pas ? Quand le malade est *désespéré*, il faut *saigner jusqu'au blanc.*

Barrère.

Saint-Just, on vous surnommera le *Sangrado* de la révolution.

Saint-Just.

Ce qui est un peu plus estimable que d'en être appelé l'*Arlequin*

Fouché.

Allons, allons, point de *personnalités*, pas plus que d'*exagération*. Le malheur de toutes les transactions est que chacun de nous y apporte ses passions et son caractère.

Guadet.

Quelquefois même les effets de sa *digestion.*

Condorcet.

Un peu de philosophie, beaucoup de patriotisme élèvent au-dessus de ces grossièretés. *Franchissons les distances.* Que la pensée nous porte au milieu, à la fin du dix - neuvième siècle : que ferions-nous alors ?

Guadet.

Les académiciens discuteroient dans leur fauteuil ce qu'il auroit fallu faire cinquante ans avant pour sauver la patrie.

(*Eclats de rire universels.*)

Fouché.

Rions, messieurs, rions : *un sage* entend raillerie, et s'il le faut, il rit avec les fous. Il n'en est pas moins vrai que telle est la situation d'esprit nécessaire pour disposer des hommes et des choses.

ROBESPIERRE.

C'est sur quoi je ne tomberai jamais d'accord.

SAINT-JUST.

Le métal est en fusion, il bouillonne ; Condorcet veut attendre qu'il soit refroidi pour *couler* la statue.

CONDORCET.

Refroidi, oui, car dans son effervescence il vous tuera si vous y touchez. *Refroidi*, mais non *glacé*, et c'est l'état où il sera dans 50 ans.

ROBESPIERRE.

Vous voyez si la révolution est près de finir !

CONDORCET.

Je la crois à peine commencée ; mais je crois aussi qu'en s'élevant au-dessus d'elle par la force de la pensée, du caractère et de la position, *on peut la diriger.*

SAINT-JUST.

Dites la précipiter.

ROBESPIERRE.

La précipiter est trop, la diriger est fou ; *il faut la suivre.* (1)

---

(1) Ce *principe* de Robespierre est toujours *proclamé* par les *libéraux*, et, suivant les *circonstances*, combattu ou mis en pratique par nos directeurs *modérés*.

VERGNIAUD.

Voilà bien le conseil de la foiblesse, qui se croit énergique parce qu'elle est violente.

ROBESPIERRE.

Voilà bien la morgue d'un rhéteur, qui se croit du génie parce qu'il est avocat!

FOUCHÉ.

Eh! messieurs! où donc est la *fraternité* dont nous traçons le nom partout?

GUADET.

Sur les murs, en tête de nos actes, au bas de nos lettres; elle est partout, hormis dans nos cœurs.

VERGNIAUD.

Oui, partant, et *la mort* à sa suite. *C'est la fraternité de Caïn pour Abel.* (Silence général.)

BARRÈRE, *bas à Fouché.*

Voilà une épigramme de tribune, et ce trait est digne de Vergniaud.

FOUCHÉ, *rompant la conversation.*

Messieurs, on vient de vous avertir que le café est servi dans le salon. (*Tout le monde se lève et divers groupes se forment.*)

ROBESPIERRE, *après avoir réfléchi.*

La fraternité de Caïn pour Abel!... Non, Vergniaud; non, Guadet; non, vous et les vôtres qui, sous le manteau de Cicéron, voulez, comme cet *aristocrate*, vous emparer du pouvoir par une va-

nité digne de la sienne, sauver la patrie à votre ma-
nière; non, votre fraternité n'est pas, elle ne sera
pas celle de Caïn pour Abel. Quand nous purgerons
le sol de la liberté, ce ne sera pas en assassinant
nos frères, *mais en punissant leurs ennemis.* Robespierre sort. Chacun, silencieux un instant, ren-
tre dans le salon. *Guadet* seul suit de l'œil son col-
lègue courroucé, et s'écrie d'un ton léger :

Il nous fuit, mais en Parthe, en nous perçant le cœur!

Chacun des acteurs de cette réunion *régicide* con-
serve bien le caractère qui lui est propre. On ne
sait lequel est le plus haïssable, du pédant Condorcet, de l'acrimonieux Robespierre ou de leur
hôte, le *modéré*, l'*adroit*, le perfide Fouché...

Il est toutefois inutile de revenir sur l'époque fa-
tale où cette *modération* se changea sans effort en
un *patriotisme* ardent et *fiévreux.* Nantes, Nevers,
Moulins et Lyon, conservent la mémoire des ex-
ploits sanguinaires de Fouché. La correspondance
qui dévoile tant d'abominations et de crimes est en-
sevelie dans la collection du Moniteur; ici nous ne
la revoyons point sans frémir. On y retrouve le raffi-
nement des tortures, la verve d'ironie de ces dé-
mons créés par le Dante; mais la cruauté qui s'at-
tendrit et *pleure* manque aux horribles tableaux du
poète florentin. « Nous envoyons ce soir deux cent
» treize *rebelles* sous le feu de la *foudre*, écrit Fou-
» ché à Collot d'Herbois. Adieu, mon ami, *les lar-
» mes de joie coulent de mes yeux; elles inondent
» mon âme!* » Qui donc versera des *larmes de
sang?...*
- Rejeté par la convention, après le 9 thermidor,
comme *athée, voleur, assassin* et *terroriste*, le re-
présentant *sensible* ne savoit plus comment expli-
quer sa *modération.* Il se plaignoit d'être maltraité

pour avoir traduit de son mieux *la pensée du 18e siècle*, et suivi les *conséquences* de la république *indivisible* et *démocratique*.

« Peut-être (c'est Fouché qui se défend) contre
» ces *deux adjectifs* si vagues accolés à *un substantie*
» *si substantiel*, peut-être y a-t-il, *sans doute memf*
» *il y a* de nombreuses et puissantes objections.
» Que la *masse topographique* de l'état nouvelle-
» ment déclarée républicaine ait été *une*, c'est ce
» que la *nécessité géographique*, maîtresse et ré-
» gulatrice des autres convenances, a décidé; que
» le gouvernement de cet état ait été *central*,
» c'est encore ce qui est admissible, si l'on entend,
» par centralité, unité de direction, *simultanéité*
» *de mouvemens, et identité de convergence.* » —
Voilà, j'espère, de la *doctrine* s'il en fut jamais. Réu-
nissez *Vadius* et *Trissotin*, adjoignez-leur messieurs R..., C..., Az... et K...; nous voulons qu'ils se
prosternent devant le *beau idéal* de l'inintelligi-
bilité.

Ce seroit abuser de la patience de nos lecteurs
que de les entretenir plus long-temps d'un homme
qui ne changea ni de marche ni de *principes* sous le
directoire, après le 18 *brumaire*, avant et après le
20 *mars*. Sa dernière apparition sur les degrés du
trône présageoit un système avilissant, destruc-
teur, que la chambre de 1815 repoussa. Fouché
lui-même, *élu député* à cette époque, n'osa siéger
parmi les dignes interprètes de l'honneur, accourus
pour sauver la monarchie et non pour la détruire.
Bientôt les troubles précurseurs de l'exil du *duc
d'Otrante* convainquirent les incrédules que des tré-
sors, des honneurs et le pardon le plus auguste ne
sauroient fléchir la haine d'un RÉGICIDE.

On trouve dans ce livre diverses lettres aux *citoyens directeurs*, adressées par le *citoyen ministre*

Fouché, dès lors agent secret du *citoyen Bonaparte*. Passé 1793, comme nous en avons déjà
fait la remarque, le style de l'ex-représentant, rare-
ment *énergique*, est presque toujours obscur et
prétentieux ; son patriotisme s'enveloppe de *modération* et s'exhale en *doctrine*.

Bonaparte n'aimoit point Fouché ; mais il fut re-
connoissant des *services* que ce dernier lui rendit
dans l'affaire du brave général Pichegru, et dans
l'arrestation de notre infortuné *duc d'Enghien*.
Sans cette coopération *active*, relégué dans la classe
des *idéologues*, Fouché ne seroit point devenu
grand aigle et sénateur à *sénatorerie* ; car le maître
l'accusoit, avec son *élégance impériale*, de mettre
toujours *son pied dans le soulier* de tout le monde.

L.